글 박지연
대학에서 화학공학을 전공했습니다.
하지만 귀여운 꼬마 친구들과 지내는 것이 행복하다는 걸 알게 되면서
우리 친구들의 이야기를 쓰기 시작했습니다.
우석동화문학상을 수상했고 쓴 책으로는 〈마리 퀴리〉 등이 있습니다.

그림 김선진
동덕여자대학교에서 서양화를 전공했고, 출판미술협회 공모전에서 특선을 입상했습니다.
'엄마랑 아빠랑 그림으로 읽는 동화전'과 '12개의 문 기획 단체전' 등의 전시회를 가졌고,
그린 책으로는 〈베시가 1학년이 되었어요〉, 〈맛을 지휘하는 요리사〉, 〈제인 에어〉,
〈하이디〉, 〈피터 팬〉 등이 있습니다.

감수 신항균
성균관대학교 대학원 수학과를 졸업했습니다.
공군사관학교와 우석대학교 교수를 역임했고,
미국 애리조나 주립대학교 수학과 교환교수로도 활동한 바 있습니다.
지금은 서울교육대학교 수학교육과 교수로 재직 중이며,
동 대학교 초등수학교육연구소장으로 있습니다.
또한 서울교육대학교 영재교육원 운영위원으로도 활동하고 있습니다.
초등학교와 중학교, 고등학교에 이르기까지 수학교과서 집필책임교수로 활동했고,
저서로는 〈수학사와 수학이야기〉, 〈클릭 수학나라〉, 〈영재들의 1등급 수학교실 시리즈〉가 있습니다.

2단계 똑같이 나누기 18
거미왕의 구두를 고쳐라!

글 **박지연** 그림 **김선진** 감수 **신항균**
펴낸곳 **(주)아람키즈** | 펴낸이 **이소영** | 주소 **서울특별시 성동구 성수이로 147 아이에스비즈타워 2F**
고객센터 **1644-4521** | 팩스 **02-468-5548** | 홈페이지 **www.aramkids.co.kr** | 출판등록 **제2020-000011호**
기획 편집 디자인 **(주)아람키즈 하늘땅**
ISBN **979-11-6543-559-2 979-11-6543-509-7(세트)**

거미왕의 구두를 고쳐라!

글 박지연

그림 김선진

감수 신항균

아람키즈

왕거미 나라에 사는 **신신어 거미왕**이
구두를 가장 좋아한다는 이야기를 들어 본 적 있나요?
거미왕은 선물로 받은 초록 구두를 무척 좋아했어요.
보세요! 축구할 때도, ***잔치**를 열 때도,
잠잘 때도 초록 구두를 신고 있지요.

A

거미왕이 가장 싫어하는 것도 있어요.

그것은 바로, 나누기예요.

거미왕은 무엇이든 하나씩 나누는 것밖에 몰랐거든요.

그래서 ***축구**할 때도

한 명씩, 한 명씩 세운 뒤 편을 나누곤 했지요.

저런, 거미왕이 축구를 너무 열심히 했나 봐요.
구두끈이 끊어지고 *가죽이 찢어져 버렸네요.

"어허, 구두가 **네 짝**이나 망가지지 않았느냐?"

"전하, 서둘러 ***수선공**들을 부르겠습니다."

신하가 말했어요.

다음 날, 신하는 소문난 수선공들을
불러 모았어요.
"구두도 **넷**, 수선공도 **넷**이로구나.
구두를 **한 짝씩 나누어** 주도록 해라."

거미왕이 큰 소리로 말했어요.
"전하, 수선공들이 훌륭한 재료도
가지고 왔습니다."
"그래? 어디 한번 보자꾸나."

“전하, 저에게는 튼튼한 구두끈이 모두 **여덟 개** 있습니다.”

왕끈끈 수선공이 말했어요.

‘수선공들에게 어떻게 나누어 주어야 한담? 에라, 모르겠다.’

거미왕은 구두끈을 **한 개씩 나누어** 주도록 했어요.

그런데 구두끈이 네 개가 남는 거예요.
신하는 **한 개씩 더 나누어** 주자고 말했지요.

사실은 신하도 하나씩 나누는 것밖에 몰랐거든요.
수선공들은 **여덟 개**의 구두끈을 **두 개씩 나누어** 가졌어요.

"전하, 저에게는 푹신한 *깔창이 열두 개 있습니다."

이번에는 왕깔창 수선공이 말했어요.

거미왕은 또 어떻게 나누어야 할지 고민스러웠지요.

때마침 신하는, 구두끈이 수선공들에게 두 개씩 돌아간 게 떠올랐어요.

"전하, 이번에는 두 개씩 나누어 보심이 어떨지요."

거미왕은 깔창을 **두 개씩 나누어** 주라고 했어요.

그랬더니 깔창이 또 네 개가 남는 거예요.
그때 신하가 기쁜 얼굴로 말했어요.
“수선공도 **넷**, 남은 깔창도 **넷**이니,
한 개씩 더 나누면 되옵니다.”
수선공들은 **열두 개**의 깔창을 **세 개씩 나누어** 가졌어요.

“그런데 구두 한 짝에 깔창이 세 개씩이나 필요하단 말이냐?”

거미왕이 슬쩍 물었어요.

“전하, 키를 생각하셔서 세 개 정도는 *덧대셔야 하옵니다.”

그러자 거미왕은 헛기침을 하며 말했어요.

“에, 에헴! 다음 들라~!”

"전하, 저에게는 커다랗고 *질긴 가죽이 **한 장** 있습니다."
차례를 기다리던 왕질겨 수선공이 말했어요.
'저 큰 가죽은 또 어떻게 나누어야 하지?'
거미왕은 슬슬 머리가 아파 왔어요.

거미왕은 코밑을 손가락으로 문지르며 생각했지요.

"에취!"

거미왕은 손수건을 꺼내어 코를 닦은 뒤, 원래대로 두 번 접었어요.

그 모습을 지켜보던 신하가 무릎을 탁 치며 말했어요.

"전하, 방법을 알아냈습니다! 이 손수건처럼 접으면 되옵니다!"

수선공들은 신하의 말대로 가죽을 접어 보았어요.

한 번 접으니 두 조각으로 나뉘었어요.

두 번 접으니 네 조각으로 나뉘었어요.

크기도 똑같았지요.

"하하하! 수선공들에게 **한 조각씩 나누어** 주도록 해라."

1
2
3
4

마지막으로, 왕빛나 수선공이 말했어요.

“전하, 저에게는 눈부시게 빛나는 보석이 **열여섯 개** 있습니다.”

신하는 곰곰 생각하다 보석을 **세 개씩 나누어** 주었어요.

수선공들에게 깔창이 세 개씩 돌아간 게 떠올랐거든요.

그랬더니 보석이 또 네 개가 남는 거예요.
그러자 신하는 씩 웃었지요.
수선공도 **넷**, 남은 보석도 **넷**이니, **한 개씩 더 나누면** 될 테니까요.
수선공들은 **열여섯 개**의 보석을 **네 개씩 나누어** 가졌어요.

"이제 다 나누었군.
그럼, 내일 아침까지 구두를 완성하도록 해라!
훌륭한 구두를 완성하면 큰 상을 내리겠노라, 에헴!"
거미왕이 말했어요.

수선공들은 성의 꼭대기 방으로 갔어요.
그리고는 한숨도 자지 않고 바쁘게 구두를 고쳤지요.

다음 날 아침, 수선공들은 네 짝의 구두를 내놓았어요.
튼튼한 구두끈, 푹신한 깔창, 질긴 가죽,
빛나는 보석 그리고 편안한 발!
거미왕은 모든 게 마음에 들었어요.
"하하하, 처음 신었던 구두보다 더 훌륭하구나!"

거미왕은 꼭꼭 숨겨 두었던 병을 하나 꺼냈어요.
"이 물약을 마시면 ***영원히** 끊어지지 않는
거미줄을 뽑아낼 수 있다.
똑같이 나누어 갖도록 하여라."

수선공들은 기뻐서 팔짝팔짝 뛰었어요.
그런데 물약을 어떻게 나누어야 할지 몰라 한참을 고민했어요.

엄마가 보기

개수나 넓이를 **똑같이 나누어** 보아요

우리 아이들이 물건의 개수나 넓이를 똑같이 나누는 일은 생각보다 쉽지 않습니다. 어림잡아 나누거나, 눈짐작으로 나누곤 하니까요. 그러면 맛있는 과자가 있을 때, 동생과 똑같이 나누어 먹는 일도 어려워지겠지요. **'개수나 넓이를 같은 크기로 나누기'는 분수의 기초가 되는 개념**입니다. 한 개씩, 두 개씩, 세 개씩 나누기 등의 과정을 일상생활에서 놀이로 접하게 해 주세요.

신신어 거미왕처럼 물건의 개수를 먼저 하나씩 나누어 보아요. 그러면 나누고 난 나머지가 생기겠지요. 그다음 또 하나씩을 나누어 보아요.
마지막으로, 각각 몇 개씩 갖게 되었는지 세어 보아요.
만약 각각 똑같이 두 개씩 갖게 되었다면, 전체 개수에서 두 개씩 나누었다는 사실을 아이와 이야기해 보세요. 만약 누구는 많이 갖고, 누구는 적게 갖는다면 그것은 잘못 나눈 거라는 사실도 알려 주세요.

아이가 보기

거미왕은 어떻게 나누었을까요?

각각의 재료를 어떻게 나누어 가졌는지 살펴보아요.

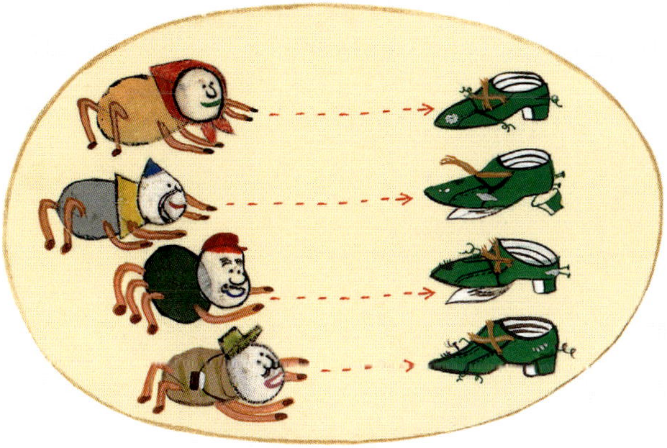

수선공이 **넷**, 구두도 **넷**!
구두를 **한 짝씩 나누어** 가져요.

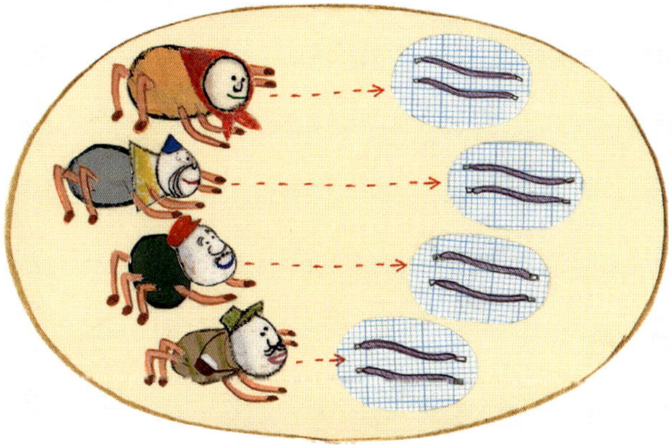

수선공이 **넷**, 구두끈이 **여덟**!
구두끈을 **두 개씩 나누어** 가져요.

수선공이 **넷**, 깔창이 **열둘**!
깔창을 **세 개씩 나누어** 가져요.

아이와 함께 하기

어떻게 나누어야 할까요?

아빠한테 받은 선물 상자에 수첩 2권, 노트 4권, 연필 6자루가 들어 있어요.
동생과 똑같이 나누어 가지려고 해요.

동생이 수첩 1권, 노트 3권, 연필 4자루를 갖겠다고 우겨요. 남은 것은 수첩 1권, 노트 1권, 연필 2자루예요. 내가 가진 개수는 동생이 가진 개수와 다르지요.
동생과 똑같이 나누어 가지려면 어떻게 나누어야 할까요?

행복한 생일 파티에 여덟 명의 친구들이 모였어요.
친구들과 사이좋게 케이크를 나누어 먹으려면 어떻게 나누어야 할까요?
여덟 명이 똑같은 양을 먹을 수 있도록 케이크를 나눈 그림에 ○ 해 보아요.

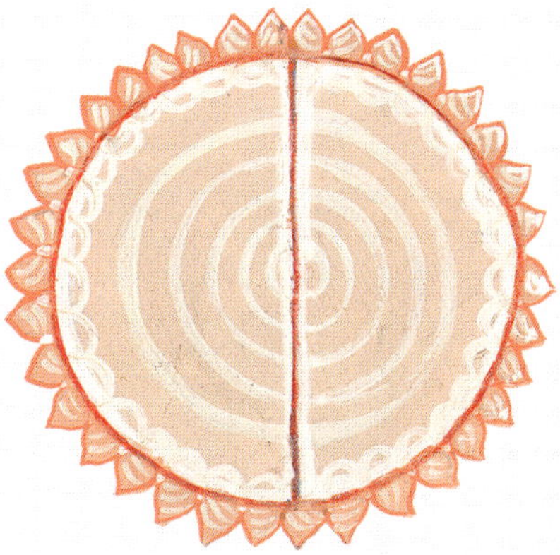